FAIRE DE LA RECHERCHE

ALBERT SAMAH, PHD

2

PREFACE

Quel est le problème ? Quand a –t-il commencé ? Par où vais-je commencer pour résoudre ce problème? A quelles difficultés vais-je faire face lors de la résolution de ce problème ? Toutes ces questions ont leur réponse dans la recherche. La recherche est le moyen pour identifier un problème, chercher son origine et ses conséquences, transformer à la fois le problème et ses conséquences en solutions. La recherche est l'un des moyens fondamentaux par lesquels une vie meilleure peut être observée. La recherche n'a pas pour seul but l'obtention d'un diplôme ou un certificat mais, « l'initiation » à un style de vie basé sur la réflexion, l'évaluation et la recherche des moyens pour arriver à une vie meilleure.

Qu'est ce qui peut faire l'objet d'une recherche ? Tout ce qui est problème ou qui peut améliorer la condition ou mode de vie peut constituer un sujet de recherche. Pourquoi les gens meurent-ils jeunes ? Pourquoi les Hommes tombent-ils amoureux ? Pourquoi existent-ils des problèmes dans le mariage ? Pourquoi y a-t-il tant de divorces ? Pourquoi le chômage ? Pourquoi de mauvaises choses arrivent-elles aux Hommes de bien ? Pourquoi certaines personnes ne réussissent-elles pas dans la vie ? Quels sont les causes des guerres et des révolutions ? Pourquoi le climat change-t-il ? Pourquoi est ce que certaines organisations réussissent pendant que d'autres échouent ? La liste est loin d'être exhaustive.

Qui peut mener la recherche ? Nous avons l'habitude de croire que la recherche n'est réservée qu'aux institutions d'enseignements supérieurs, ceux qui cherchent des diplômes de maitrise, de doctorat. Pourtant, toute personne soucieuse de résoudre un problème peut mener la recherche. Les inventions sont les fruits de la recherche. Elles sont le produit de la recherche des divers moyens de faire certaines choses. Certains grands inventeurs n'ont pas eu beaucoup de diplômes pourtant, ils ont apporté de grands changements dans ce monde. Bill Gates n'a jamais eu de diplôme universitaire mais il a révolutionné l'informatique à travers sa société « Microsoft ». Ce livre est juste une contribution au réveil du pouvoir de chercheur qui sommeille en vous.

Où pouvons-nous commencer la recherche ? Où que vous soyez. Vous pouvez commencer par vous-même. Faire des recherches sur vous-même, vos relations, vos compétences, vos dons etc. vous pouvez commencer chez vous avec votre famille, votre école ou votre groupe. Voulez-vous du travail dans une entreprise précise ? Cherchez les problèmes spécifiques auxquels cette entreprise fait face, chercher des solutions possibles à ces problèmes et proposez les à cette entreprise. Votre travail dans cette entreprise sera celui de résoudre ce problème et d'éviter que cela ne se reproduise.

Qui peut utiliser ce livre ? Toute personne intéressée par la recherche et aimerait rédiger un mémoire, une thèse ou un article dans un journal ou un livre. Ce livre sera aussi utile pour toute personne désireuse de mener des recherches pour améliorer une certaine situation. J'espère que les informations que vous trouverez dans ce livre vous seront utiles.

Albert Samah
Février 2011

REMERCIEMENTS

Mes sincères remerciements aux Prof. VG Fanso qui fut l'un de ceux qui m'ont introduit dans la méthodologie de la recherche. Il a aussi guidé mes pas lors de la rédaction de mon mémoire de master et de ma thèse de Ph. D. Le Prof Daniel Abwa, le Prof Efoua ?Dr Stephan Fomin m'ont aussi enseigné les bases de l'écriture scientifique. Je leur suis très reconnaissant.

Je voudrais aussi exprimer ma gratitude aux autres enseignants du département d'histoire de l'université de Yaoundé I plus précisément au Prof Philipe Blaise Essomba, Prof Albert Temgoua, Dr Anderson Enokenwa et Dr Simon Tata maintenant à l'université de Bamenda.

Je remercie du fond du cœur Esther Ngantu, Yvonne Arrey, Mary Tudor Arrey et Brigitte Tala, Chantal Ngotun, Anne Laure Njike et Judith Basso pour la lecture et correction de ce document.

Bliss Aborhobot et Priestly Royalty Eghombi m'ont fait comprendre ce que signifie écrire avec des enfants près de soi. Parfois, ils m'ont fait arrêter d'écrire mais c'était une expérience fantastique.

Je ne remercierai jamais assez M. Goodlove Eghombi et sa femme Yvonne Eghombi qui m'ont beaucoup aidé sur le plan matériel et financier lors de la production de ce document.

Du fond de mon cœur je remercie le révérend Alfred Njini pour ses encouragements et prières incessantes. Je n'oublie pas mes amis Elvis Eghombi, Léonard Eghombi, Dr Wilibroad Dze-Ngwa, Pius Mossima, le pasteur Ekosso Michael et son épouse, le pasteur Emmanuel Muda et son épouse, Dorothy Ndikum, Alice Essembé et Dénis Nchenwi pour leur soutien moral. J'aimerais aussi remercier tous mes collègues du complexe universitaire Siantou qui m'ont encouragé à produire ce livre.

Mille fois merci à toute ma famille plus précisément à mon papa Mathias Samah ma maman Mary Samah et mes mères Rose Samah et Viviane Samah sans oublier mes frères et sœurs, cousins, cousines, neveux et nièces, oncles et tantes en qui j'ai toujours trouvé beaucoup d'amour et de réconfort surtout lors de la réalisation de ce travail.

Albert Samah
Février 2011

TABLE DES MATIERES

CHAPITRE I : INTRODUCTION A LA RECHERCHE

Le but de ce cours est de permettre à l'étudiant de mieux appréhender le sens du mot recherche. Il lui permettra aussi de connaître les différents types de recherche et leurs utilités dans l'univers académique et professionnel. A la fin de ce chapitre, l'étudiant sera capable de :

- définir «la recherche »
- faire la différence entre les différents types de recherches et comprendre leur importance.

Section I: Introduction

Retour dans le passé

Section II: les types de rédactions académiques

Sections III : recherche, définition et utilités.

Introduction : historique

Je vous invite à faire une rétrospection dans le passé. Vous souvenez-vous de votre première rédaction ? Ce sont des moments inoubliables car, ce sont des jours où on se sent très bien surtout parce qu'on découvre qu'on est capable d'écrire quelque chose. Former ses propres phrases, paragraphes, sections, chapitres etc. C'est une chose qui fait énormément plaisir, surtout lorsqu'on le fait pour la première fois.

Lors des examens de BEPC, les questions que l'on vous posaient avaient trait soit à la narration soit à la description. Au niveau du BAC, pour ceux faisant la série littéraire, les questions étaient essentiellement argumentatives. Tout ceci était une façon de vous initier à la recherche.

Au niveau universitaire, les cours que l'on dispense aux étudiants leur permettent de faire des exposés, des séminaires, des débats etc. A ce niveau, on donne aux étudiants des thèmes sur lesquels ils font des recherches et présentent leurs résultats devant leurs camarades qui leur posent des questions et émettent des critiques sur leur travail. Dans certaines institutions ces exposés sont rédigés en au moins 15 pages et 20 au trop.

Dans d'autres institutions les étudiants font des exposés dont le nombre de pages est compris entre 30 et 40 pages.

Dans les institutions professionnelles, les étudiants, pour achever leur formation doivent rédiger un rapport de fin de stage. A ce niveau, tout ce que l'on rédige doit être scientifique car que ce soit les rapports de stage ou les exposés, ils peuvent être utilisés par d'autres étudiants au cours de leurs recherches.

Après la licence, pour obtenir leur maitrise, masters ou D.E.A., les étudiants doivent rédiger un mémoire. Après cette étape, ils sont appelés à rédiger une thèse en vue de l'obtention d'un Ph D. Ecrire et publier des articles dans des revues scientifiques constitue aussi un moyen de valoriser ses connaissances. En dehors de la thèse et des articles on peut aussi écrire des livres.

Dans ce livre, nous allons présenter les différents canons de la rédaction des mémoires, des thèses, des articles et des livres.

Les types de rédactions académiques

Le mémoire.

C'est un exercice académique rédigé après interprétation et analyse des circonstances précises en utilisant la démarche scientifique. Ici, le chercheur se sert des données et de son expérience pour analyser et interpréter des situations.

La thèse

C'est une suggestion ou une proposition que l'on apporte en plus à une théorie déjà existante. Ici, le chercheur se sert de faits cohérents et pertinents pour soutenir, défendre ses idées, son point de vue et en utilisant une théorie, et ainsi apporter une solution à un problème qu'il a décelé. Une thèse de Ph D est généralement plus longue qu'un mémoire.

L'article

Un article est une rédaction respectant les normes scientifiques ayant pour but d'identifier le problème d'un groupe de personnes d'y apporter une solution.

L'on peut diviser la connaissance en deux ; la connaissance scientifique et la connaissance non scientifique. Dans toutes les filières, pour qu'un travail soit accepté, on doit s'assurer qu'il réponde aux normes scientifiques. Ce qui veut dire que le fond et la forme du travail doivent être rationnels, uniformes et logiques. Il doit également être le fruit des analyses et des interprétations des données recueillies de façon fiable. Dans l'univers de la connaissance, **on désigne par connaissance scientifique tout ce qui est sciences sociales** c'est-à-dire des études ayant trait aux relations et aux dynamismes humains. **Contrairement aux sciences naturelles qui n'ont pour seul objet que l'étude de la nature.** Toutes les deux sont appelées sciences parce qu'elles utilisent dans leurs études les démarches prescrites par la science. L'une des méthodes ou moyens d'acquérir la connaissance c'est la recherche.

Recherche : définitions, importance et types

La recherche est une action objective qui a pour but la connaissance. C'est également un processus qui consiste à tirer des conclusions ou établir des règles après l'observation, émission des hypothèses et procéder à leur vérification. La recherche est l'un des moyens par lesquels on peut avoir des informations fiables. C'est pourquoi le chercheur doit enquêter, raisonner, méditer, questionner, vérifier les faits pour émettre des idées pouvant être utiles à la société. On se sert de la recherche pour découvrir ce qui est couvert ou caché. Tout ceci doit se faire respectant les démarches scientifiques.

Le développement politique et socioculturel d'une nation passe par ses découvertes. Chaque individu, chaque communauté ou nation a des problèmes et pour les résoudre, il faut faire des recherches. Là où il n'y a pas de recherche, la population est appelée à périr car elle ne pourra jamais résoudre ses problèmes.

On distingue plusieurs types de recherche : la recherche académique encore appelée recherche fondamentale qui est surtout fondamentale et empirique. Ce type de recherche a pour but d'améliorer de vie en leur offrant de nouvelle connaissances. Elle est le plus souvent faite pour obtenir des diplômes ou des distinctions académiques. Nous pouvons citer les mémoires, les thèses, les articles etc.

Les rapports professionnels tels que les rapports de stage sont en quelque sorte le fruit de la recherche. En entreprise, la recherche peut être menée avant la prise d'une décision importante. Ces recherches ont aussi pour but d'améliorer la qualité d'un produit d'une usine pour lui permettre de faire face à la concurrence.

Sur le plan administratif, la recherche à pour but de découvrir ou de créer de nouvelles idées dont les gouvernants pourront se servir pour mieux diriger. La recherche peut être menée dans ce domaine pour mieux comprendre certaines politiques du gouvernement sur un sujet. Les enquêtes administratives sont également des recherches appliquées ayant pour but de trouver des solutions à certains problèmes d'ordres économiques, sociaux (religieux) ou psychologiques. Nous constatons donc que la recherche peut être menée dans plusieurs domaines de la vie. Les sujets de recherche peuvent provenir des faits ou des situations vécues et même des sources orales non-écrites.

CHAPITRE II : ETYMOLOGIE DES SCIENCES SOCIALES

Le but de ce cours est de permettre aux étudiants de connaître et de comprendre les sciences sociales et la recherche. Il leurs permettra aussi de comprendre ce qu'on appelle objectivité scientifique.

Après ce cours, l'étudiant sera capable de :

- comprendre les différentes étapes ayant marqués la genèse des sciences sociales.
- Identifier les différentes caractéristiques du savoir scientifique.
- Connaître les différentes caractéristiques d'une recherche scientifique.

Plan du cours

Section I : évolution dans la méthode scientifique.

- idéalisme et matérialisme
- empirisme et rationalisme.
- Rationalisme matériel et rationalisme critique.
- Positivisme et scientisme

Introduction

Les sciences sociales se sont distinguées des sciences naturelles grâce aux méthodes scientifiques proposées par plusieurs écoles. La lutte pour prouver cette différence a commencé dans la Grèce ancienne; mais c'est surtout au XIXème siècle que ce discours scientifique a connu son tournant décisif.

Evolution des méthodes scientifiques

L'évolution des méthodes de la science a subi plusieurs étapes dont les principales sont : l'idéalisme, le matérialisme, l'empirisme et le rationalisme, le rationalisme matériel et le rationalisme critique, le positivisme et le scientisme. Ces différentes méthodes de la science sont présentes dans plusieurs théories et écoles de la pensée dans les sciences sociales.

Idéalisme et matérialisme

La théorie de la production des connaissances était tout d'abord centrée sur l'idéalisme et le matérialisme. Parmi les savants de l'école de l'idéalisme, nous pouvons citer : Platon (443-347 avant Jésus Christ) G. Berkeley (1685-1753), E. Kant (1724-1804) et G. W. Hegel. Ces savants soutiennent qu'avant toute forme d'expérience, il existe un monde indépendant qui est celui des idées. En d'autres termes, l'Homme s'efforce à vivre selon les idées déjà existantes. Parmi les idées mentionnées par ces savants, nous pouvons citer : l'amour, la liberté, la dignité humaine et l'égalité.

D'autre part, les partisans du matérialisme comme : Démocrite (environ 460-envion370 avant Jésus Christ), Epicure (340-270 avant Jésus Christ) K. Marx (1818-1883) soutiennent que le matériel influence l'immatériel. Ce qui veut dire que, les idées sont le produit des expériences humaines qui ont été transmises à la pensée. En d'autre termes, nos idées et pensées proviennent des expériences individuelles ou groupes de personnes qui sont alors transmis au subconscient. C'est dans ce subconscient que les idées se développent.

Empirisme et rationalisme

R. Descartes demeure l'un des champions du rationalisme. Pour lui, la connaissance et plus précisément la connaissance scientifique provient du raisonnement qui a son origine dans nos sens. Les enquêtes ou les recherches dans tous domaines doivent toujours faire intervenir la raison.

Les empiristes de leur coté, soutiennent que le savoir est né de l'observation. Par exemple, un homme se place tous les jours face à la mer et découvre qu'aux environs de 17 heures le Martin-pêcheur vole au-dessus de la mer cherchant du poisson à attraper. A partir de cette observation, l'homme peut déjà conclure que le Martin-pêcheur préfère chasser du poisson uniquement dans la soirée. Parmi les partisans de cette idée qui soutient que le savoir scientifique provient de l'observation, nous pouvons citer F. Bacon (1561-1625), John Locke (1632-1704) et D. Hume

Positivisme et scientisme

A. Comte, M. Berthelot, C. Bernard, E. Durkheim et E. Littre sont ceux-là qui ont fixés les bases de la méthode philosophique du positivisme. A. Comte est considéré comme le père du positivisme, pourtant, il avait un point de vue différent de celui des autres. Le positivisme est lié à l'empirisme. Le positivisme est une méthode fondée sur l'observation et ou les expériences. Pour A. Comte, le savoir doit avoir pour base l'observation ou l'expérience et non pas des connaissances abstraites.

Le scientisme pour sa part, glorifie le rôle joué par la science dans le progrès de l'humanité. Il croit en la toute puissance de la science. Selon les précurseurs de cette doctrine, le savoir scientifique est au-dessus de l'ignorance et devrait être la fondation de toutes sociétés et ce à tous les niveaux. Les partisans de ce courant de pensée comme E. Renan travaillent sur la destruction de l'ignorance, l'irrationalisme, et les pensées métaphysiques en donnant plus d'importance à l'éducation.

Le rationalisme rationnel et le rationalisme critique.

Le rationalisme rationnel et le rationalisme critique ont commencé en 1930 avec G. Bachelard et K. Popper. Pour Bachelard, le rationalisme matériel surpasse l'observation et la raison et se trouve entre l'idéalisme et le matérialisme. Popper réfute catégoriquement l'idéalisme et le positivisme logique. Tous ces deux auteurs sont respectivement ceux du « nouvel esprit scientifique » et de la « logique de la découverte scientifique ». Ils mettent tous l'emphase sur le rôle du chercheur et l'importance du problème scientifique dans le processus de la recherche ou de la production du savoir. En d'autres termes, pour que le savoir soit scientifique, il faut qu'il y ait un problème. Pour Bachelard, il doit y avoir une théorie sur laquelle repose le problème. De son coté, Popper soutient que la connaissance est considérée comme scientifique uniquement lorsqu'elle peut faire l'objet d'un débat et qui n'a pas encore été prouvé ou vérifié. Les faits ne sont pas toujours synonymes de vérité et surtout si ces faits n'ont pas été débattu. Popper souligne que la croissance de la connaissance scientifique est liée au fait que certaines théories sont réfutées.

Mener les travaux de recherche est utile pour tout le monde car, la recherche identifie un problème et cherche des solutions. Lorsqu'on néglige la recherche, on fait face à plusieurs problèmes et les façons archaïques de faire des choses vont se développer. La recherche n'est pas juste la collecte des données, mais une collection des données utiles à la résolution d'un problème donné. Pour donc mener des recherches positives, la recherche doit être scientifique et objective.

Le savoir scientifique et l'objectivité en recherche.

Comprendre l'objectivité scientifique

Pour mieux comprendre l'objectivité scientifique, nous devons connaitre ce qu'on appelle science. Dans l'éducation et dans la production du savoir, il existe deux types de sciences ; les sciences naturelles et les sciences sociales. L'histoire, la géographie, l'économie, la philosophie, l'anthropologie etc. sont appelées des sciences parce qu'elles utilisent la méthode scientifique.

L'objectivité scientifique commence avec la relation existant entre le chercheur et l'objectif de la recherche. La recherche doit avoir un cadre théorique. En d'autres termes, le problème de la recherche doit avoir un lien avec le cadre théorique de la recherche et il doit respecter la notion de neutralité. Une recherche digne de ce nom doit se faire dans un esprit scientifique et critique.

Comprendre le savoir scientifique.

Les hypothèses, qui sont des tentatives de réponses sont importantes à ce niveau. Une hypothèse doit être basée sur l'observation des faits. Bien que les hypothèses soient utilisées dans plusieurs domaines, l'on doit les adopter aux réalités du terrain.

CHAPITRE III : LES PILIERS DE LA RECHERCHE.

Ce cours a pour but de faire connaitre aux étudiants les piliers principaux des sciences sociales. A la fin de ce chapitre, il sera capable de :
- définir faits sociaux, variables et théories.
- Présenter les caractéristiques des faits sociaux, variables et théories

Section I : comprendre la notion des 'faits sociaux'
- exemples de faits sociaux.

Section II : les variables en science.
- définir variables
- les indicateurs et les modalités d'un variable.
- Les types de variables
- Théorie et paradigme.

Introduction

Les notions de bases en sciences sociales sont centrées sur les faits sociaux, les variables, et ou les grandes écoles de pensée. Une bonne compréhension de ces concepts aide le chercheur à avoir les bases de la recherche. Ce chapitre aide également le chercheur à choisir un thème idéal, à collecter les données, à les analyser et les interpréter et enfin à rédiger. Nous allons commencer par les faits sociaux.

Comprendre la notion de 'faits sociaux'.

Ce sont des habitudes quotidiennes qui sont devenues des normes. Les faits sociaux sont comme des incidents qui sont à la fois habituels et même permanents. Ce sont aussi des incidents qui se déroulent habituellement dans des circonstances ou des situations données.

Les faits sociaux se manifestent par les croyances (opinions), les attitudes, les idéologies, les conceptions et les motivations. Comme exemples de fait sociaux, nous avons : la guerre, la révolution, les coups d'états etc.

Les variables en sciences sociales.

On entend par variables les choses qui ont deux sens. Premièrement, le sens conceptuel ou ordinaire qui guide notre compréhension quotidienne. Et ensuite, nous avons le sens profond qui comprend les instructions sur la façon de comprendre les choses. De ce qui précède, nous pouvons dire qu'une variable (notion, idée, concept) peut avoir plusieurs valeurs. Les variables dans une recherche scientifique peuvent être : le statut matrimonial, le métier, le niveau d'étude, le sexe, la tribu, la religion etc.

D'une façon ou d'une autre, la recherche sociale utilise les variables. On les utilise soit pour les expliquer, les comparer, étudier la relation existant entre eux etc. Les variables sont toujours déterminées par les indicateurs et les modalités.

Les indicateurs et les modalités

Les indicateurs sont les faits qui montrent les manifestations ou l'existence d'une variable. Ils nous montrent aussi comment on détermine les variables. Par exemple, les indicateurs de chômage peuvent être la famine, le banditisme etc. et à partir de ces indicateurs, le chercheur peut déjà savoir quels outils utiliser pour collecter les données. Les indicateurs aident aussi le chercheur à faire son questionnaire et les interviews ou ce qu'il doit observer sur le terrain (observation participante). Nous pouvons mesurer les variables en utilisant différentes techniques d'analyse qui peuvent être quantitative ou qualitative.

Les modalités d'évaluation des variables montrent les étapes ou les positions des variables. Une variable peut être forte, moyenne, faible, bonne, mauvaise etc. il existe plusieurs types de variables.

Types de variables

i) ***variables dépendantes et variables indépendantes***. Les variables indépendantes sont des variables qui influencent d'autres variables. Elles ont toujours une influence sur les résultats de la recherche. Pour ce qui est des variables dépendantes, elles sont influencées par d'autres variables dans une relation. Par exemple, dans une relation entre le chômage et la corruption, le chômage sera la variable dépendante alors que la corruption sera la variable indépendante.

ii) ***Les variables unidimensionnelles et multidimensionnelles.*** Une variable unidimensionnelle est l'une des variables les plus faciles à détecter, expliquer ou mesurer. Par exemple, le poids et la taille sont des variables unidimensionnelles parce qu'on peut facilement les mesurer. De son coté, la variable multidimensionnelle est une variable composée de plusieurs autres variables. Nous pouvons prendre comme exemple la corruption parce qu'elle est composée de plusieurs variables tel que : le chômage, les salaires maigres, le détournement des fonds publics etc.

iii) ***Les variables dichotomiques*** : Elles n'ont que deux phases, modalités ou valeurs. Par exemple le sexe. Il n'existe que le sexe masculin et féminin ou la race aux Etats Unis là où il n'existe principalement que les blancs et les noirs sont des variables dichotomiques.

iv) ***Les variables polythènes :*** ce sont les variables qui ont plus de deux valeurs. Par exemple la croyance le catholicisme romain, les protestants, les pentecôtistes etc.

v) ***Les variables discrètes*** : ils ont des valeurs ou des modalités spécifiques. Par exemple, la population du Nigéria, le nombre de livre dans une bibliothèque, d'universités dans un pays.

vi) ***Les variables continues*** : ce sont celles qui ont des valeurs évolutives comme l'âge car, il peut y avoir des différences d'âge comme 1, 2, 3, 4

vii) ***Les variables discontinues*** : ce sont les variables qui ne peuvent pas être classifiées selon la valeur. Par exemple, les groupements ethniques ne peuvent pas être classés en premier, deuxième ou en supérieurs, inférieurs etc.

Théories et paradigmes.

Les théories sont des suppositions sur lesquelles la vie fonctionne ou doit fonctionner. Les théories ont tendance à expliquer ou prédire. Elles peuvent changer après vérifications et être remplacées par d'autres théories. Les organisations, les sociétés, les institutions etc. fonctionnent tous sur la base de certaines théories. Les théories influencent l'instauration des différentes formes de gouvernement dans le monde entier.

Il est important pour le chercheur de connaître les théories de son sujet de recherche pour ainsi savoir quels arguments avancer pour trouver des solutions aux problèmes. Dans chaque domaine d'étude, il existe une théorie susceptible d'aider le chercheur dans son travail.

Une étude interdisciplinaire des théories en sciences sociales

Les théories en sciences politiques sont plus basées sur les modalités d'acquisition du pouvoir, sa gestion et la relation gouvernant/ gouvernés. Les sciences politiciennes cherchent à décrire le phénomène du pouvoir dans une société donnée.

a) *les théories classiques* : Platon et Aristote sont considérés comme les pères de la théorie classique. Dans leurs travaux, ils décrivent la structure du pouvoir en Grèce et font une prescription pour la meilleure forme de gouvernement. Pour Platon et   Aristote la meilleure forme de gouvernement est le gouvernement démocratique. Ils proposent que ce gouvernement soit dirigé par la bourgeoisie ou la classe moyenne. Pendant la période médiévale, les penseurs politiques affirmaient que la meilleure forme de gouvernance était celle qui respectait les lois divines. Machiavel dont la pensée était proche des théories classiques s'est plus concentré sur la façon d'obtenir le pouvoir et la façon de l'utiliser.

b) *les théories contractualisées.* Ici, nous avons trois grands savants qui soutiennent ces théories: Thomas Hobbes, John Locke et Jean-Jacques Rousseau. Thomas Hobbes soutient qu'avant la civilisation, la vie était plus difficile parce que chaque individu vivait seul et par conséquent ne pouvait compter que sur lui seul et ainsi la vie était caractérisée par la peur, l'insécurité la violence et la solitude. Pour résoudre ce problème, il proposait que les gens s'unissent et établissent entre eux une sorte de contrat pour former une société.

Pour John Locke, avant la formation des sociétés, il y avait l'entente, la tolérance et l'harmonie. Cependant, il y avait une incertitude en ce qui concernait les avoirs car, il n'y avait encore ni monnaie ni loi. C'est en raison de toutes ces difficultés que l'Homme a créé la société, pour protéger à la fois sa vie, ses biens et sa liberté.

Pour le français Jean-Jacques Rousseau, qui a vécu au 18ème siècle, la société d'avant la civilisation (état de nature) était une bonne société. Cependant, il ajoute qu'elle peut s'améliorer et atteindre le stade d'une société où l'intérêt général (ce que tout le monde veut est au-dessus de la volonté des individus ou des groupes) est pris en considération. Ce n'est que dans une telle société que le respect et la dignité humaine peuvent se développer.

c) la théorie marxiste : le point de vue du philosophe allemand Karl Max est composé de trois éléments principaux : la théorie de l'économie, la théorie des classes et la théorie de l'histoire. En ce qui concerne la théorie de l'économie, il met plus d'accent sur le profit, le gain. Il affirme que le gain ou le profit provient du fait que les ouvriers travaillent et après ne sont pas payés. En conséquence le reste de ce qui leur est due est pris par les capitalistes dans une sorte de profit. La conséquence de ce salaire minable, est que ces travailleurs sont incapables d'acheter les marchandises produites ce qui entraine la surproduction et engendre la dépression. Marx démontre que c'est de telles pratiques qui provoquent la chute des gouvernements capitalistes.

Pour ce qui est de la théorie des classes, Marx souligne que chaque société est divisée en deux classes : la haute classe composée de quelques membres et la basse classe composée de la plus grande partie de la population. Pour lui, la basse classe travaille pour la haute classe qui est constitue de riches et par conséquent, ont établi des lois, des coutumes et des systèmes qui favorisent leur maintien au pouvoir.

La théorie marxiste soutient que l'histoire ou les cours d'histoire sont le plus souvent le produit des économies dynamiques et la structure des classes de la société. Il affirme que, les changements historiques surviennent lorsqu'il y a un changement dans la structure économique d'une société. Ce qui affecte automatiquement les lois, les institutions et la façon de faire les affaires. Le système établit par la haute classe est voué à l'échec.

d) les théories institutionnelles : ces théories se concentrent sur les institutions qui sont les structures officielles du gouvernement. Les partisans de cette théorie se basent sur la constitution qui est la base sur laquelle le gouvernement doit agir. Cette théorie est basée sur le fait que ce qui est écrit dans la constitution est ce qui se fait. Cependant, il y a toujours eu un très grand fossé entre ce qui est écrit et ce qui est fait. De bonnes constitutions, discours et mémorandums, ne signifient pas toujours bonnes actions. Les bons orateurs ne sont pas nécessairement de bons leaders.

e) la théorie de système : c'est une conception de David Easton qui prend ses origines dans la biologie. Cette théorie soutient que, tout comme les différentes parties du corps humain telles que les poumons, le tube digestif, les pieds, et le cerveau jouent différents rôles dans le corps et l'absence d'une partie créera un disfonctionnement, c'est également ce qui se passe dans une société. Le changement dans un secteur affecte directement un autre secteur. Cette théorie montre que la politique d'un pays est identique aux systèmes du corps humain. Ici les opinions, les actions, et les demandes des citoyens sont prises en considération par les gouvernants qui en réponse, prennent des décisions qui ont des répercussions sur la vie sociale, économique et politique du pays. Cette pratique est bien, tout comme elle peut nuire car les citoyens sont forcés de reformuler leurs besoins pour amener les dirigeants à changer leur décision précédente. Cependant, il est important de souligner que tous les dirigeants ne prennent pas les décisions en tenant compte du point de vue des citoyens.

f) la théorie de la modernisation : cette théorie, soutenue par Hegel, Marx et Weber voit les différents secteurs de la société (politique, économique, culturel) comme un paquet. Les changements dans ce paquet entraîneront automatiquement des changements dans la société pour qu'elle avance vers une direction particulière.

Cependant, lorsque Hegel voit la principale cause du changement dans le spirituel, Marx la voit plutôt dans l'économie. Weber de son coté soutient plutôt que, le changement qui peut emmener d'autres secteur de la société à prendre une direction particulière ne peut être que culturel. Pour lui, le changement religieux dans une société peut affecter la société et causer le déplacement des autres secteurs de la société vers une direction particulière. D'autres partisans de cette théorie montrent que l'industrialisation est importante pour la modernisation et le développement. Ils affirment que l'industrialisation apporte des changements dans la société et ainsi provoque le changement dans d'autres secteurs de la société. Ils disent aussi que lorsqu'un pays s'industrialise, il devient stable et démocratique.

g) les théories du développement : ces théories se développent pendant la guerre entre l'Est et l'Ouest. Pour les puissances de l'ouest la modernisation des pays du tiers monde les empêcherait d'être communistes. Pour ces puissances de l'ouest, la modernisation d'une société devrait passer par des changements dans les secteurs tels que la communication, l'éducation, la culture politique et les parties politiques.

h) théorie du choix rationnel : cette théorie stipule que les gens prennent des décisions en tenant compte de leurs intérêts. En d'autres termes, on peut prédire les actions d'un individu en se basant uniquement sur le lieu où ses intérêts se trouvent. Les partisans de cette théorie soutiennent que, pour comprendre les gens et savoir la décision qu'ils prendraient, il est inutile d'étudier leur histoire. Ce qui est important ce sont les avantages qu'ils auraient en prenant telle ou telle décision. Pour eux, la motivation affecte beaucoup la décision et la société.

i) Le néo institutionnalisme: cette théorie soutient que les différentes structures de la société (principalement les structures gouvernementales) comme les partis législatifs et civils ont certaines coutumes et traditions. Dans leur quête pour mesurer le niveau de ces structures, ils façonnent, transforment le caractère ou comportement de ceux qui travaillent avec eux. Ceci pousse ceux qui travaillent dans ces institutions à se battre pour préserver la structure même lorsque ces structures sont désuètes, parce qu'ils doivent préserver leur emploi.

j) Fonctionnalisme structurel : cette théorie est soutenue par des philosophes sociaux comme Comte et Durkheim. Elle fut plus tard développée et approfondie par Talcott Parson. Les théories du fonctionnalisme structurel sont fondées sur « l'analogie organique » qui est un concept démontrant qu'une société est comme le corps humain. Pour elle, le corps humain est composé de plusieurs parties qui doivent fonctionner ensemble pour qu'il soit en santé et puisse bien fonctionner. Tout comme le corps humain, la société est composée de plusieurs compartiments. Pour Parson, pour qu'un organisme continue d'exister, toutes les autres parties doivent bien fonctionner. Dans la même lancée, pour qu'une société fonctionne bien, toutes les parties (institutions, familles, institutions politiques, économiques et socioculturelles) de cette société doivent travailler en harmonie avec les autres institutions pour la survie de la société.

Selon les partisans de la théorie du fonctionnalisme structurel, l'existence de n'importe quelle structure dans la société est définie par le rôle qu'elle joue dans la société. En d'autres termes, si la structure n'a pas un rôle à jouer pour le fonctionnement de la société toute entière alors, elle n'est d'aucune utilité pour la communauté. Par la suite, ils soulignent que, pour qu'une société fonctionne, les différents acteurs doivent se demander ce qui est nécessaire pour le fonctionnement de la société ou de l'organisation. A partir de là, ils doivent chercher les institutions ou des sous-groupes capables de jouer ce rôle. Les fonctionnalistes structurels croient que la base d'une famille est composée du père, de la mère et leurs enfants. Ceci est la structure d'une société idéale. Pour eux, tous les individus dans le monde moderne peuvent s'organiser dans une structure pareille les problèmes des membres seront résolus et la société fonctionnera mieux. On distingue dans cette théorie du fonctionnalisme structurel plusieurs fonctions de base qui sont :

a) la structure : qui fait référence à l'organisation d'une famille. Qu'est ce qui constitue une institution familiale dans un groupement ?
b) fonction : quels sont les services spécifiques que la famille rend à la société? On comprend mieux une organisation par son rôle dans la société.
c) Expression : les relations humaines nécessaires pour résoudre les problèmes psychologiques passent par l'expression : la parole, l'amour et le soutien.
d) L'équilibre : tous les systèmes du monde entier peuvent faire face aux changements. Bien que le changement arrive toujours de façon progressive, les membres d'une famille fonctionnent mieux lorsqu'ils sont en équilibre.

Cependant, le fonctionnalisme structurel a beaucoup perdu du terrain spécialement après les années 1990. Plusieurs disciplines comme les sciences politiques ont arrêté d'adopter cette théorie. Il faut cependant savoir que cette théorie demeure utile pour ceux faisant des études dans la famille.

Le changement de paradigme.

Les paradigmes sont des ensembles de structures dans lesquelles nous voyons le monde. Ce sont des perceptions par lesquelles notre vision du monde se développe. Stephan Covey classifie les paradigmes comme des cartes géographiques qui nous conduisent à notre destination. Les paradigmes sont des ensembles de modèles de pensées qui ont été acceptés comme modèles par notre conscience ou notre subconscience. Les paradigmes sont si puissants qu'il est extrêmement difficile d'influencer un homme ou lui faire voir les choses de façon différente que ce qu'il a toujours su.

Le changement de paradigme arrive généralement lorsqu'il y a un changement de façon de voir les choses, lorsqu'on essaie de voir plus loin que le bout de notre nez, ou de se mettre à la place des autres pour mieux comprendre certaines choses. De toute façon lorsqu'il y a changement de paradigme, le résultat est généralement formidable. La révolution agraire, technologique et industrielle est le fruit du changement de paradigme, une rupture avec la tradition pour retrouver la voie de la pensée, de la réflexion.

A travers l'histoire, nous avons vu plusieurs changements de paradigme tant sur le plan politico économique que sur le plan socioculturel. Avant que Copernicius ne crée un nouveau paradigme en plaçant le soleil au centre de l'univers, le monde était influencé par la philosophie de Ptolemy qui prétendait que la terre était au centre de l'univers. La nouvelle théorie de Copernicius favorise une nouvelle interprétation des choses. Avant la découverte des médicaments, ou le développement de la théorie des germes, plusieurs femmes et enfants mourraient de maladies, plusieurs soldats perdaient leur vie aux champs de bataille à cause des maladies et des blessures. La découverte de la médecine moderne a changé positivement l'humanité.

Le leadership dans plusieurs pays démocratiques a été témoin de plusieurs changements de paradigme. Le leadership a évolué de la monarchie à la démocratie. Dans la religion et plus précisément dans le christianisme, il y a eu plusieurs changements de paradigme. Au deuxième siècle avant le judaïsme, le christianisme était sous l'influence de l'église catholique romaine jusqu'au 31 octobre 1957 lorsque Martin Luther King initia une grande réformation. Elle fut suivie par le mouvement de sainteté qui était un autre changement de paradigme dans le protestantisme. Autre changement a eut lieu en 1901 avec la naissance du pentecôtisme et dans ce protestantisme, il y a eu plusieurs changements parmi lesquels nous avons le néo- protestantisme et le protestantisme libéral. La science sociale elle-même est le fruit du changement de paradigme.

Dans ce chapitre, nous avons parlé des fondations des sciences sociales. Ces piliers sont basés sur des faits, des théories, des variables des écoles ou des paradigmes. Il est impossible qu'une recherche soit menée sans ces piliers car ils nous aident à comprendre le problème, les hypothèses de notre travail etc. Dans le chapitre suivant, nous parlerons de ce dont le chercheur doit savoir faire avant de commencer la recherche.

CHAPITRE IV : LA PHASE PREPARATOIRE DE LA RECHERCHE.

Plan et objectifs du cours

Ce cours permettra à l'étudiant d'avoir des informations dont il a besoin avant d'aller sur le terrain. A la fin de ce chapitre, l'étudiant sera capable:
- d'expliquer les critères de sélection d'un sujet idéal
- d'identifier le problème et le poser
- de monter de façon détaillée un projet de recherche
- d'acquérir et mettre en pratique les différentes aptitudes d'un chercheur

Section I : Critères de choix d'un sujet parfait
- enthousiasme et engagement
- disponibilité des ressources
- maitrise de la langue de travail
- délimitation du sujet
- unicité du sujet et cohérence ou unité des idées

Section II : les qualités d'un bon chercheur
- curiosité et passion
- patience, persistance, perception et sagesse

Section III : rédaction d'un projet de recherche

Introduction

Dans le chapitre précédent, nous avons parlé des faits, variables, théories et paradigmes. Nanti de toutes ces connaissances, vous avez certainement fait un grand pas en avant dans la recherche et les théories du domaine lié à votre sujet. Votre sujet peut porter su le conflit, le chômage, ou même le taux de mortalité. Vous ne pouvez pas encore aller sur le terrain parce que votre sujet de recherche n'est pas complètement clair. Le cadre de travail est l'un des éléments clés d'une recherche. Avant d'aller sur le terrain, nous devons assembler plusieurs éléments pour savoir avec exactitude ce qu'on doit faire. Ceci nous permettra de gagner en temps et en argent. Ce chapitre nous permettra de connaitre tout ce qu'il nous faut apprêter avant d'aller sur le terrain. C'est-à-dire le choix du sujet, la revue de littérature, la problématique et la préparation du questionnaire.

Critères de sélection d'un sujet pertinent et les aptitudes d'un bon chercheur

La sélection d'un sujet et les aptitudes dont un chercheur a besoin sont d'une grande importance dans la recherche. La sélection d'un bon sujet rend la recherche facile et nous empêche de perdre du temps et de l'argent. D'autre part, certaines qualités et aptitudes déterminent la valeur et l'issue de la recherche. Ces deux éléments feront l'objet de cette section.

a- Les critères de sélection d'un sujet pertinent

Les facteurs qui peuvent conduire un chercheur à la sélection d'un bon sujet sont :

L'enthousiasme et l'engagement : l'enthousiasme est simplement le fait de faire quelque chose avec amour et le plus souvent, on y met plus de temps. L'enthousiasme est ce qui nous permet d'avancer même quand tout va mal. Il vous faut donc choisir un sujet qui vous intéresse particulièrement. Celui sur lequel vous aimerez faire des recherches même si cela ne devrait pas vous procurer un diplôme ou de l'argent .Un sujet qui suscite en vous de l'enthousiasme et sur lequel vous pouvez continuer à travailler même après votre diplôme.

Un sujet qui vous enthousiasme déterminera la qualité de la recherche. Si vous vous intéressez particulièrement au sujet, cela vous permettra d'avoir un travail de qualité et dans un délai plus court. Si par exemple je suis passionné par la politique et si la religion m'intéresse peu, je ne dois normalement pas choisir un sujet qui a trait à la religion.

Pour connaître les sujets qui vous intéressent particulièrement, vous devez identifier les cours que vous appréciez et dans lesquels vous avez toujours de bonnes notes. Quels sont les sujets sur lesquels vous discutez aisément lorsque vous êtes entre amis ? Quelles sont vos émissions télévisées préférées ? Ton sujet a-t-il un lien avec ce que tu aimerais être dans le futur ? Voici sus-cités quelques éléments qui peuvent aider le chercheur à choisir un sujet qui peut l'enthousiasmer. Il est donc très important de connaître notre capacité et intérêt mental, sans oublier notre enthousiasme pour un sujet avant le choix de n'importe quel sujet.

Disponibilité des ressources : Pour Hubert SPENCER « il est bien de connaître où se trouve quelque chose lorsqu'on en a besoin ». Cette assertion soulève le problème de la disponibilité. Pour choisir un sujet, vous devez choisir celui dont tout le matériel est disponible pour la recherche. Ça serait perdre du temps si vous choisissez un sujet dont le matériel n'est pas disponible. Dans ce cas, vous perdrez beaucoup de temps pour changer de sujet car les sujets précédents avaient peu ou pas d'information.

Il est important de choisir un sujet dont on peut avoir le matériel dans des librairies et dont des gens peuvent facilement répondre à nos questions. Pour choisir donc un sujet, nous devons nous poser les questions suivantes : les ressources sont-elles disponibles ? Sont-elles ouvertes à la consultation publique ? Les résultats de mes recherches seront-ils censurés ? Pour les chercheurs qui sont purement des candidats académiques, il est important pour eux de se poser ces questions car leur travail a un délai d'exécution puisqu'ils ont une date après laquelle ils ne pourront plus soutenir publiquement. La confusion et le retard proviennent le plus souvent du fait qu'on a découvert que le matériel n'est pas disponible.

Maîtrise de la langue de travail : il est plus souvent facile de travailler sur un sujet lorsque les sources d'information sont dans une langue que nous pouvons facilement comprendre. Si nous prenons un sujet qui est différent de notre langue de travail, nous devons chercher un traducteur pour le matériel que nous avons et dans d'autres cas, nous serons obligés d'apprendre la langue. Mais il existe des sujets comme dans les études ethnographiques où le chercheur peut avoir besoin d'étudier la langue de la population cible car les études ethnographiques s'étendent souvent sur plusieurs années.

Délimiter le sujet : dans la plupart des recherches précisément pour les étudiants des institutions professionnelles ou académiques, le cadre temporel de la recherche doit être défini. Ce qui veut dire que le choix d'un sujet devrait être limité dans l'espace et dans le temps, pour que le candidat soit capable de travailler dans le temps alloué par l'institution pour la recherche. Pour nous guider dans ce domaine, nous devons nous poser les questions suivantes : est ce que j'écris pour une licence, un rapport de stage, un mémoire, une thèse de doctorat, un article ou un livre ? Le sujet de recherche doit prendre en considération le temps qui lui est alloué. La date limite de dépôt du travail doit être connue et respecté par le candidat.

L'unicité : il serait inutile de travailler sur un sujet et qu'à la fin vous vous rendez compte que vous n'avez fait que répéter ce que d'autres ont déjà dit. Chaque sujet de recherche devrait apporter des faits et des preuves considérables dans le domaine dans lequel nous faisons des recherches. Même lorsqu'il n'y a pas de preuve qu'il y aurait une nouvelle interprétation des idées ajoutées à notre champ d'étude qui aideront à la compréhension des relations humaines.

Cohérence et unité des idées : chaque travail de recherche doit avoir une idée centrale ou doit être focalisée sur une proposition qui offre au lecteur une introduction, un corps du devoir et la promesse d'une conclusion spécifique. Dans ce cas, le titre du travail doit donner au lecteur le thème du travail. Chaque phrase, paragraphe, section ou partie du travail, doit être lié à son titre qui est à son tour lié au thème central de la recherche.

b- **Aptitudes et qualités d'un bon chercheur**

Les aptitudes et les valeurs nécessaires pour améliorer la qualité d'un travail sont variées.

Curiosité et passion : le succès et la qualité d'un travail de recherche dépendent largement de la curiosité du candidat. C'est-à-dire son désir profond de savoir plus, de découvrir plus et de continuer à découvrir et à apprendre. La curiosité simplifie les difficultés et les défis d'avoir le matériel de travail insuffisant. Elle permettra au chercheur d'avoir plus de matériel pour le travail spécialement le matériel qui relève de l'étude. Avec la gamme variée de données sur le sujet, le chercheur aura plusieurs perspectives du sujet. La passion de réussir amène souvent le chercheur à produire un travail de qualité.

La patience et l'endurance : tout travail de recherche rencontre généralement des obstacles. L'endurance et la patience permettent donc de venir à bout de ces difficultés. Il faut de la patience pour s'asseoir et attendre un informateur pendant deux heures et qui ne viendra pas au rendez vous à l'heure. Il faut de la patience pour s'asseoir dans une salle d'archives pendant des jours pour feuilleter des lettres et des journaux. Il faut de la patience pour s'asseoir devant un ordinateur pendant des heures pour saisir le travail. Parfois, le chercheur est obligé de rentrer là où il a collecté ses données pour vérifier certaines informations. Il y a des moments où on peut perdre ses données dans un ordinateur après une coupure d'électricité. Malgré toutes ces difficultés, nous ne devons pas abandonner. Avant que je ne finisse d'écrire cette section il y a eu coupure d'électricité. Donc ce que vous avez ici n'est pas l'original de ce que j'avais d'abord écris. Le chercheur vainqueur est celui là qui fait preuve d'endurance et de persévérance. De même, la persistance est une qualité dont on a besoin pour obtenir des informations d'un informateur qui depuis le début ne voulait pas nous les donner. Parfois, le chercheur peut faire face aux tentatives d'exploitation sexuelle ou financière. Ceci ne doit pas l'empêcher de trouver d'autres moyens pour avoir cette information.

Perception et sagesse : la capacité de pouvoir rédiger un travail vient aussi de la capacité du chercheur à utiliser son intuition et sa sagesse. L'intuition ou le sixième sens permet au chercheur de rencontrer de vrais informateurs à temps, de prendre le livre qu'il faut à l'heure qu'il faut et d'être au bon endroit pour avoir le mot qui l'aidera dans son travail.

La qualité du chercheur sera aussi déterminée par sa sagesse. Spirgeon affirme que « la sagesse est la bonne utilisation de la connaissance ». La recherche n'est pas seulement basée sur la collection des faits et la reproduction de ces faits sur un papier. Il faut aussi trouver un lien entre les données collectées et les différentes théories, concepts, écoles et hypothèses. Un esprit mature nous permet d'apporter de nouvelles idées et arguments que le travail dévoile. Il est possible que le chercheur émette des hypothèses, mais à la fin les change toutes grâce à son instinct ou son intuition lors de la collecte des données.

En bref, pour choisir un sujet qui nous enthousiasme, la capacité de délimiter le sujet, la disponibilité des ressources et des finances, la maîtrise de la langue de travail, peuvent faciliter le processus de recherche. Les aptitudes et les valeurs telles que la curiosité, la création des relations amicales, la patience, la perception etc. facilitent non seulement la recherche mais aussi améliorent la qualité de travail. La bonne nouvelle est que toutes ces valeurs et aptitudes peuvent s'acquérir.

La rédaction d'un projet de recherche.

C'est un guide ou un passeport qui ouvre au chercheur la porte de la recherche et de l'écriture. C'est à base du projet que l'étudiant peut commencer à travailler avec un superviseur. Un bon projet de recherche attire des sponsors. Les bons projets qu'ils soient académiques ou professionnels doivent avoir les éléments suivants :

Cadre théorique et problème : ici, vous devez prendre le sujet et trouver un lien avec une théorie. Dans ce cas, vous vous posez des questions qui trouveront des réponses dans vos recherches. La recherche doit porter sur un aspect spécifique. Elle nécessitera surement que vous établissez la relation entre les différentes variables dans votre domaine d'étude précisément dans une période donnée.

Le problème doit être un sujet entouré de beaucoup d'incertitudes et d'ambigüités. La recherche doit résoudre un problème car à la fin le candidat doit être capable de montrer les solutions au problème qu'il a soulevé. Pour formuler un vrai problème, le chercheur doit se poser les questions suivantes :
- quel est le problème pertinent qui me pousse à la recherche ?
- est ce que j'ai assez de connaissances dans ce domaine qui expliquent pourquoi le problème n'a jamais été résolu ?
- en quoi seront utiles les résultats de mes recherches ?

En posant le problème, vous devez utiliser des expressions fortes telles que « considérant le nombre de jeunes qui travaillent nous allons analyser et confirmer que le chômage… » De tels mots ou expressions mettront en évidence la pertinence du problème à traiter.

Le but et l'objectif de la recherche : après le choix du sujet, vous devez déterminer le but de votre étude. Ici, le chercheur doit dire avec exactitude le but qu'il veut atteindre en menant la recherche. Le chercheur doit indiquer l'orientation de son travail. En établissant le but et l'objectif, le chercheur doit dire comment il va traiter le sujet et l'approche qu'il a choisie. Pour établir un objectif de la recherche digne de ce nom, il doit étudier tous les mots de façon minutieuse.

Problématique et hypothèse : le chercheur doit poser des questions qui doivent lui servir de guide au cours de la recherche. Les hypothèses sont des propositions ou des tentatives de solutions qui aident à identifier le problème dans la recherche. Le problème posé devient une vérité scientifique s'il est confirmé au cours de la vérification des hypothèses. L'importance d'une hypothèse dans la recherche est qu'elle aide le chercheur à organiser ses enquêtes. La relation entre les variables dépendantes et indépendantes est établie à partir des hypothèses. Elle permet aussi au chercheur de connaître le type de données à collecter. A partir des hypothèses, le sujet de recherche devient plus simple et plus spécifique. L'opinion du chercheur sur le thème se lit facilement à travers les hypothèses qu'il a émises.

Enfin, c'est à partir des hypothèses que l'on peut connaître si l'objectif de la recherche a été atteint. A partir des hypothèses le candidat peut établir la problématique qui l'aidera à réduire le travail.

Importance du sujet de recherche : chaque sujet de recherche doit être important pour apprécier les relations humaines. Le sujet doit être celui là qui permet de comprendre un fait social. En d'autres termes, il doit nous permettre de mieux comprendre les relations humaines dans le domaine de notre étude. Le sujet doit donc avoir une connexion avec des occurrences dans d'autres parties du monde. Pour montrer l'importance de l'étude, le chercheur doit utiliser les mots comme « cette recherche est importante par le fait qu'elle contribuera, enrichira, développera… »

Délimitation du sujet : la délimitation du sujet est importante parce que le lecteur ou l'examinateur doit savoir avec exactitude le domaine ou la période dans laquelle tu fais ton étude pour qu'il ne juge pas ton travail en dehors de cela.

Revue de la littérature : c'est l'une des parties les plus importantes de la recherche. C'est ce qui nous permet de connaître où nous avons eu certaines informations. Elle a aussi pour but de montrer que nous sommes honnêtes.

Pour faire cette revue, nous devons consulter plusieurs documents qui ont trait à notre sujet. La plupart des revues sont faites sur une base annuelle. Ici les auteurs qui sont souvent des domaines différents sont appelés à publier des articles qui peuvent être intéressants pour le chercheur. Pour obtenir des informations dans une bibliothèque, on doit connaitre y chercher des documents. La plupart du temps, les livres ou les articles sont classés par ordre alphabétique et selon les auteurs. Ils sont aussi rangés par ordre alphabétique selon les titres.

Une bonne revue de littérature donnera de la grandeur au travail. En écrivant la revue de littérature, le chercheur donne des informations intéressantes qui ont un lien avec son travail. Le chercheur doit aussi montrer les forces et les faiblesses des travaux antérieurs. Ces travaux peuvent être identiques à celui du chercheur mais n'ont pas été menés dans les mêmes périodes. C'est pourquoi nous avons dit plus haut que le chercheur doit toujours déterminer le cadre spatio-temporel de son travail.

Parfois, la revue de littérature peut permettre au lecteur d'avoir une idée sur l'évolution ou l'histoire du sujet. Elle peut dans certains cas soulever les différents arguments que les experts ont avancés concernant le sujet. La plupart des projets de recherche demande que le chercheur fasse une bibliographie des documents qu'il doit consulter. Dans cette bibliographie nous avons : des livres, des articles, des thèses, des mémoires etc. qui ont des informations liées à notre sujet.

CHAPITRE V : METHODE DE LA RECHERCHE ET TRAVAIL SUR LE TERRAIN

a) objectifs

Cette leçon permettra aux étudiants d'avoir les qualités et les aptitudes requises pour mener à bien une recherche. A la fin de ce cours, l'étudiant sera capable:

- d'identifier la méthode principale de la recherche : la recherche quantitative et qualitative.
- d'identifier les traits qu'un chercheur doit avoir pour réussir.

b) plan

Section I : méthodes quantitatives

Section II : méthodes qualitatives

Section III : observation participante et la recherche pour les rapports de stage.

Section IV : les traits de caractère d'un chercheur efficace.

Introduction

La méthodologie de la recherche est la science, la philosophie, l'esprit et la procédure par laquelle une recherche est menée. Pour qu'une recherche soit menée de façon scientifique, certains principes et méthodes doivent être pris en considération.

Les méthodes quantitatives et qualitatives

Ce sont des voies par lesquelles la recherche doit être menée objectivement pour être accepter sur le plan scientifique. Bien que ces méthodes aient des différences, elles ont toutes des avantages et des inconvénients. Elles peuvent s'utiliser de façon complémentaire à des endroits et à des moments différents pour un maximum d'efficacité dans la recherche.

a) méthodes quantitatives : elles s'occupent plus de la taille, des statistiques et des chiffres. Ces méthodes sont plus utilisées lorsque le sujet de recherche a un lien avec les nombres. On l'utilise surtout pour avoir des informations mesurables (par des calculs) et comparables. On l'utilise aussi principalement lorsqu'il s'agit par exemple du décompte des bulletins de votes dans un processus électoral, les études de marché ou l'analyse de certaines pratiques religieuses ou culturelles. La méthode quantitative a quatre étapes.

Elle commence par la construction d'un échantillon représentatif qui indique le nombre total d'une population spécifique en prenant en considération le pourcentage des étrangers. Ensuite le chercheur élabore un questionnaire de façon à ce qu'il puisse répondre aux objectifs de la recherche.

Pour atteindre ces objectifs, le questionnaire doit avoir des questions très importantes. Si une question doit être mise dans la liste, elle doit d'abord subir un test pour savoir si elle peut répondre aux objectifs de la recherche. Les questions doivent être précises et concises, avoir des réponses dépourvues d'ambigüités. Le chercheur doit faire le choix entre les questions fermées (à répondre par vrai ou faux) et les questions ouvertes (commençant par quel, quoi, qui, quand, pourquoi).

La troisième phase dans la méthode quantitative est la distribution du questionnaire à la population cible. Pour le faire, on peut utiliser plusieurs méthodes ; on peut le faire de façon directe c'est-à-dire par une interview ou de façon indirecte donc par téléphone ou internet. L'avantage de faire des interviews directement est que le faisant, il y aurait une possibilité que toutes les questions trouvent une réponse. Cependant, la présence de l'intervieweur peut influencer la personne interviewée. La dernière phase de cette méthode est l'interprétation des données. Il faut savoir que les données collectées peuvent avoir différentes interprétations.

b) Méthode qualitative : c'est une méthode d'enquête interactive et écrite utilisée par le chercheur. Elle cherche à expliquer les traits comportementaux tels que l'amour, le succès, la colère, la dépression et bien d'autres. Elle aide aussi à comprendre les attitudes, les opinions, et le processus de prise de décision. La méthode qualitative comporte trois principales étapes.

L'observation est la première étape. Le temps que le chercheur passe sur le terrain est très important. Pendant la période d'observation, le chercheur prend des notes au quotidien de ce qu'il voit et note aussi ses impressions. Il existe trois types d'observateurs (voir l'observation participante ci-dessous)
La seconde étape est l'interview. Ici, le chercheur doit préparer un guide d'interview qui est tout simplement des questions préparées en avance. Pour planifier une interview, le chercheur doit d'abord savoir pendant combien de temps son informateur sera disponible. L'interview peut) être non directe. Dans ce cas, le chercheur donne un sujet à l'informateur pour qu'il travaille dessus. La seconde est directe ; ici, le chercheur mène cela comme un dialogue entre lui et l'informateur. Le troisième model d'interview est semi-direct ; le chercheur laisse la

discussion venir naturellement et de façon relaxe, parfois autour d'une bouteille de vin. La dernière phase de cette méthode qualitative est la consultation des biographies. Le chercheur peut avoir les traits sociaux d'une personne juste par l'observation ; c'est à travers cela que le passé de la personne peut se faire voir. Elle permet aussi au chercheur d'avoir des informations de qualité.

A partir de la biographie, le chercheur peut facilement faire la différence entre ce qui était et ce qui est au moment de la recherche. Enfin, elle permet à l'enquêteur de connaître et de comprendre les attitudes langagières de la population faisant l'objet d'étude.

Observation participante et recherche pour les rapports de stage.

Robin R. Alexander définit l'observation participante comme un ensemble de méthodes dans les sciences sociales qui met l'accent sur l'observation sur le terrain, le dialogue avec les acteurs sur le terrain, l'examen minutieux des documents, des objets d'art et les événements. Ce rôle demande toute l'attention du chercheur et il doit tout faire pour ne pas avoir une influence sur la situation à étudier. Lorsqu'il ya participation complète, la population est au courant de ce que fait le chercheur.

Il existe deux rôles principaux sur le terrain de l'observation ; celui du chercheur ou de l'ethnographe et celui de l'informateur. Le chercheur prend tous les outils nécessaires sur le terrain. Les outils qui lui permettront de noter les différentes activités sur le terrain y compris ses impressions. Il doit aussi établir une relation chaleureuse avec la population d'étude, et tout faire pour gagner la confiance de ses informateurs sans toutefois les pousser à avoir une influence négative sur son travail. Parfois, l'enquêteur peut pousser les gens à des positions qu'il ne voudrait pas. Mais pour maintenir la relation qui va lui permettre d'avoir ses informations, il ne doit en aucun cas donner son opinion.

. L'enquêteur doit poser des questions pour mieux comprendre certains phénomènes. Cependant, il doit comprendre qu'à certains moments il ne devrait pas poser les questions, mais simplement observer et écouter. Il est important de savoir que le chercheur doit être capable de trouver le juste milieu entre la participation et l'observation. Quand le chercheur se rend compte qu'il s'implique un peu trop dans les activités qu'il étudie, il doit se détacher de cette activité, l'analyser et tout faire pour y remédier.

Les candidats qui se forment dans des institutions et qui doivent rédiger des rapports de stage pour achever leur formation font souvent recours à l'observation participante plus précisément la participation active. Même comme le stage est une façon de confronter les connaissances acquises en salle de cours à celles du terrain, l'étudiant doit cependant soulever un problème et trouver une solution. Ainsi, pendant que le candidat reçoit des cours pratiques pour compléter la partie théorique, il doit aussi observer les autres activités et chercher des solutions à certains problèmes qu'il trouve en entreprise, et c'est donc cela qui constitue la pièce maîtresse de son rapport de stage. Il est donc important que le candidat choisisse l'entreprise dans laquelle il peut facilement avoir accès aux informations.

Pour mener à bien un stage, le candidat doit prendre avec lui un stylo à bille, un crayon ordinaire et quelque chose pour prendre des notes importantes des conversations ou des découvertes liées au problème de sa recherche. Ceci permettra au candidat d'analyser le problème ou de rendre compte de certaines activités qu'il a menées durant son stage. Dans la partie introductrice de son rapport de stage, il doit donner un compte rendu des activités qu'il a menées en entreprise. Pour compléter l'observation le candidat peut administrer un questionnaire ou interviewer certains membres de l'institution dans laquelle il fait son stage.

Le comportement à adopter par le chercheur

Mener des recherches est un challenge spécialement pour ceux qui le font pour la première fois. Pour réussir cet exercice académique, le chercheur doit développer en lui certaines aptitudes et comportements pour bien le mener.

1- **être poli et amical:**

La recherche, plus précisément le travail sur le terrain met le candidat en contact avec différentes personnes et différents milieux de vie. Et pour obtenir des informations, il doit être poli et amical. Il doit choisir ses mots pour ne pas provoquer certains désagréments. De la même manière, il doit être une personne souriante et joviale pour mieux se rapprocher de ceux qui lui fournissent des informations. Le succès et la qualité de la recherche dépendent de cette vertue.

2) respecter le point de vue des autres : chaque être humain a sa façon à lui de comprendre et d'interpréter certaines situations. Lors de la recherche, l'enquêteur peut faire face à des opinons différentes sur la race, le sexe, le genre, la classe etc. Il doit donc apprendre à respecter les opinons des autres. Un chercheur qui respecte ceci va à coup sûr avoir plus d'informations de ses informateurs que celui qui se lance dans des discutions et des justifications avec son informateur.

3) l'adaptabilité : la plupart des temps, la recherche amène le chercheur hors de son environnement. Plus précisément, elle le retire de sa zone de confort pour une zone qu'il ne peut pas du tout apprécier. Dans ce cas, il doit tout faire pour s'adapter à cet environnement. Si ce sont des gens ou leur façon de faire qui le mettent mal à l'aise, il ne doit en aucun cas chercher à les changer, mais il doit plutôt chercher à s'adapter pour pouvoir obtenir les informations dont il a besoin. Par exemple certaines personnes n'aiment pas certaines nourritures, mais si la recherche se déroule dans un environnement où cette nourriture est le plat principal de ces gens, l'enquêteur doit s'accommoder pour être accepté par ces gens. A l'exemple des études ethnographiques qui se déroulent souvent pendant plusieurs mois, et même plusieurs années, le chercheur doit apprendre la langue et adopter certaines coutumes vestimentaires de ces gens pour s'intégrer dans la société.

4) être serviable et aimable : une fois sur le terrain, le chercheur peut faire face à des situations ou circonstances qui nécessitent son aide. Dans ce cas, il doit tout faire pour être serviable. Il doit savoir que ceux à qui il demande des informations n'ont parfois rien à bénéficier de ses recherches. Si tu ne leur montres pas de l'amour et de l'attention, comment espères-tu donc qu'ils t'aident ? Si vous vous montrez aimable, l'informateur vous donnera facilement les informations dont vous avez besoin.

CHAPITRE VI : TRAITEMENT DES DONNEES ET REDACTION

Objectifs et plan du cours

Objectifs du cours
L'objectif de ce cours est de permettre aux étudiants d'évaluer les données collectées sur le terrain. Il lui permettra aussi de faire une rédaction selon les normes requises. Après ce chapitre, l'étudiant sera capable:

- d'interpréter les données collectées
- de rédiger les résultats de sa recherche

Plan du cours
Section I : classification, conceptualisation, analyse et interprétation des données.
- **classification des données**
- **analyse des données**
- **conceptualisation**

Section II : la rédaction
- **rédaction des résultats de la recherche.**
- **Les dix recommandations pour une bonne rédaction**

Introduction

Lors de votre travail sur le terrain, vous avez obtenu des informations de plusieurs bibliothèques. Des informations qui provenaient des livres, des journaux, des magazines, des interviews et des expériences obtenues par observation. Il est temps pour vous maintenant de mettre ces informations sur du papier tout en respectant certaines normes. Une rédaction académique, que ce soit un rapport de stage, un mémoire ou une thèse de Ph. D, a plusieurs règles à suivre. La phase d'après terrain est caractérisée par la classification, l'analyse et l'interprétation des données collectées.

Classification, conceptualisation, analyse et interprétation des données

i) classification des données : les informations que l'on recueille sur le terrain sont des données brutes. Si vous devez par exemple construire une maison, et vous avez tout l'argent nécessaire pour le faire de la fondation à la toiture, vous devez demander à certaines maisons de matériaux de construction de vous fournir tout le nécessaire comme du ciment, du fer à béton etc. vous vous faite livrer tout cela et maintenant c'est à vous d'organiser le travail. Que ferez-vous ? Vous devez commencer à réorganiser.

Les interviews, les questionnaires, les livres etc. que vous avez lus et ce que vous avez observé en tant qu'observateur participant sont comme ces maisons de matériaux de construction qui vous ont fait des livraisons.

Il vous revient donc d'organiser les données collectées en prenant en compte votre sujet, le problème et l'objectif de votre travail. A partir des données, vous êtes le seul à décider quelle information va aller dans l'introduction, dans le corps du devoir ou dans la conclusion. Si votre travail doit être organisé de façon chronologique, alors vous devez en faire autant pour vos données. En bref, vous devez séparer vos données en parties.

ii) analyse et interprétation des données : l'organisation de votre travail doit concorder avec son thème. Chaque partie de votre travail (le titre principal, les sous titres, les parties, les chapitres et les sections) doit être titrée et ce titre doit refléter le thème central (voir exemple en appendice). Dans cette section, vous devez faire des analyses des différents traits, similitudes, qui peuvent aider le chercheur à faire des projections.

Vous devez tout faire pour rester dans l'axe du thème central. Utilisez les données que vous avez collectées pour faire des phrases et construire des paragraphes, qui aboutiront à la construction du travail tout entier. Utiliser des citations, des déclarations, qui peuvent appuyer le thème central du travail.

A partir des données collectées, le candidat peut vérifier ses hypothèses, il peut aussi les modifier ou simplement les annuler. Dans certains domaines, il peut être appelé à utiliser le ki-carré ou la méthode analytique qui consiste à présenter les résultats en chiffres et les exposer en pourcentage. Il faut savoir que toutes les institutions n'utilisent pas cette méthode de vérification des résultats de la même manière.

Dans un sujet de recherche, il y a toujours une idée centrale ou un thème qui parcourt le travail du début à la fin. Généralement, le sujet de recherche a un thème principal et secondaire auxquels tout le travail est lié. Le titre de certains travaux révèle le plus souvent le thème central et les sujets à sous titres ont le thème central comme sous titre.

Le thème central d'un travail de recherche peut apparaître dans l'introduction en même temps que le but de la recherche. A partir de l'idée générale, le chercheur doit être capable de la diviser en sous thèmes pour montrer les différentes articulations de son travail. Certains sujets ont plus d'un thème central reliés entre eux. Par exemple dans un sujet comme « fondamentalisme religieux et droits de l'homme au Cameroun, 1949-2000 ». La thèse principale montre que les lois sur la liberté des lois de 1990 ont joués un rôle déterminant dans le développement du pentecôtisme au Cameroun. Mais le thème secondaire serait que le pentecôtisme a à la fois des avantages et des inconvénients sur le paysage politique et socio-économique du Cameroun.

Généralement, le lecteur détermine ce qui est le thème central. L'objectif de chaque travail de recherche doit être celui d'indiquer clairement le thème central et le soutenir de façon efficiente et effective en tirant des conclusions utiles pour la résolution du problème.

iii) conceptualisation : on dit souvent que lorsque vous imaginez quelque chose vous l'avez dans votre subconscient, et lorsqu'elle y est, vous pouvez la réaliser. Donc, la première chose que vous devez faire est de visualiser votre travail. Cela demande que le candidat prenne du temps pour être seul, réfléchir ce sur quoi il veut écrire. Ceci peut prendre des heures, des jours et même des semaines car c'est l'une des étapes les plus difficiles de la recherche. Il est important de conceptualiser votre travail car lorsque vous l'avez entièrement dans votre tête, il vous est plus facile de vous asseoir et rédiger.

A base des cours reçus en classe et des conseils du superviseur, le candidat doit visualiser ce qui doit être dit à l'introduction, dans le corps du devoir et dans la conclusion.

La rédaction

La rédaction est l'une des phases les plus importantes d'un travail de recherche. Elle doit être faite avec beaucoup de concentration et de vigilance. Pour que le travail soit intéressant, lisible et acceptable sur le plan scientifique, le chercheur doit respecter certaines règles. Dans cette section, nous allons parler de la phase de rédaction et des qualités d'une bonne rédaction d'un sujet de recherche.

a) **La rédaction d'un travail de recherche**

Elle est constituée d'une rédaction préliminaire, seconde et même troisième.

i) la rédaction préliminaire : le chercheur doit former des phrases qu'il regroupe pour former des paragraphes, des sections et des chapitres. Cette rédaction préliminaire est le brouillon de ce que sera votre rédaction finale et elle n'est lue que par le chercheur seulement. Cette rédaction donne la possibilité au chercheur d'écrire ses idées au fur et à mesure qu'elles apparaissent dans sa mémoire. Ensuite, il peut tout relire et voir si ce qu'il a écrit est ce qu'il a voulu et si ce n'est pas le cas, il peut donc faire des corrections.

ii) la seconde rédaction : la seconde rédaction est basée sur le problème que vous en tant que chercheur avez identifié. Une fois le problème identifié et la solution trouvée, le chercheur peut relire sa rédaction préliminaire. Après cette relecture qui a pour but la correction du fond et de la forme, le chercheur peut maintenant donner son travail à un ami pour une seconde lecture. Le candidat doit avant tout s'assurer qu'il dispose d'assez de temps pour rédiger et faire des corrections. La version révisée du brouillon ou du brouillon préliminaire est la seconde rédaction. C'est cette seconde rédaction qui peut être remise au superviseur pour appréciation. Il faut savoir que dans certaines institutions surtout professionnels, le candidat a un superviseur académique et un superviseur professionnel.

Le point de vue du ou des superviseurs est capital car c'est lui qui détermine si le travail peut être accepté ou pas. Pour cela, le candidat doit toujours tenir compte des remarques de son superviseur. Il peut même vous demander de faire une troisième rédaction et dans ce cas, vous ne devez pas refuser car c'est lui qui rédige votre demande d'autorisation de soutenance.

b) dix recommandations pour bien rédiger un travail de recherche. Ces recommandations sont les suivantes.

Soyez concis : tout travail de recherche digne de ce nom doit être précis et concis. Le chercheur doit avoir une telle maîtrise des mots qu'il peut en utiliser peu pour dire beaucoup.

Soyez cohérent : chaque rédaction est composée des mots, de groupes de mots, des phrases, des paragraphes, des sections et des chapitres. Pour passer d'un paragraphe à un autre, ou d'une section à une autre, il ne faut pas oublier la transition car c'est elle qui annonce au lecteur ce qui va suivre. La continuité de votre travail ne doit en aucun cas être rompue. Le candidat doit maintenir une connections entre les paragraphes et les sections pour que le lecteur puisse facilement voir comment on passe d'une section ou d'un paragraphe à un autre. Le candidat peut aussi s'assurer que ses paragraphes commencent par une phrase qui est presque un résumé du paragraphe.

Evitez d'utiliser le langage familier : lorsqu'on écrit, on se doit de respecter de très près les règles grammaticales. On doit aussi éviter d'écrire comme si on faisait de la poésie ; en laissant le lecteur deviner ce qu'il veut dire. Les mots doivent être d'usage commune.

Utilisez les mots simples et de courtes phrases : les mots simples donnent le plus souvent le sens exact. Le chercheur doit toujours utiliser son dictionnaire pour s'assurer que le mot qu'il utilise existe et a le sens qu'il croit. D'autre part, en utilisant de courtes phrases, vous évitez de faire des erreurs. Vous devez aussi éviter d'abréger les mots.

Evitez de juger : en recherche, on doit éviter tout jugement qualitatif. Les mots comme mal, bien, stupide, fantastique etc. ne doivent pas figurer dans votre travail. Vous pouvez tout de même utiliser « correcte ou incorrecte » pour parler des erreurs.

Utiliser des supports visuels : les supports visuels tels que les tableaux, les diagrammes, les pictogrammes etc. sont aussi importants dans un travail de recherche car ils transmettent facilement le message que l'on veut véhiculer. Cependant, dans certaines institutions, il y a une exigence sur la façon d'insérer les supports visuels dans son travail. Il faut donc toujours respecter ce qui se fait dans votre institution.

Utilisez les temps verbaux correspondants : selon les disciplines, les travaux de recherche utilisent différents temps verbaux. Il revient donc au candidat de connaître le temps approprié pour sa rédaction. Par exemple, tout ce qui est rédigé en Histoire doit être fait au passé. Mais dans d'autres filières telles que l'Anthropologie, la sociologie et l'Anglais les rédactions se font généralement au présent.

Utilisez moins d'adverbes : on dit souvent que les écrivains utilisent les adverbes de façon abusive. C'est pourquoi le chercheur doit faire un effort de ne pas trop les utiliser.

Utilisez la voix active : il est conseillé de construire les phrases à la voix active au lieu de la voix passive. La voix passive rend la narration complexe et rend parfois votre style lourd.

En conclusion, vous devez faire l'effort de ne pas utiliser les mots comme : « bientôt », « trop de », « quelque chose comme » « toi, tu », etc. Vous ne devez pas oublier la documentation.

CHAPITRE VI : DOCUMENTATION ET SAISIE.

Objectifs et plan du cours
Objectif de du cours

L'objectif de ce cours est de permettre à l'étudiant de bien rédiger son travail. A la fin de ce cours l'étudiant sera capable:

- d'utiliser les techniques de documentation
- de rédiger proprement son travail de recherche.

Section I : documentation de votre travail

- utilisation des citations
- utilisation des notes de bas de page et notes de fin de document

Section II : utilisation des références bibliographiques
Section III : saisie et corrections finales
Présentation finale du document

Introduction

Avant d'arriver à la soutenance, un travail de recherche doit respecter les normes et les exigences académiques. C'est la raison pour laquelle sa rédaction doit se faire avec beaucoup de délicatesse. Avant d'envoyer son travail à la saisie et l'impression, le candidat doit d'abord s'assurer d'avoir respecté l'éthique et la déontologie scientifique de la rédaction. Cette partie est divisée en deux grandes parties ; la documentation, la révision et la saisie.

1) la documentation de votre travail

Pour une rédaction, la documentation est d'une importance capitale. Elle demande que le chercheur utilise les données collectées sur le terrain de manière scientifique. Pour soutenir une idée générale, l'hypothèse, faire une analyse, … certains canons scientifiques doivent être utilisé. Ces canons montrent au chercheur comment écrire les notes de bas de page, les citations, la paraphrase et la bibliographie.

i) utilisation des citations : elles sont souvent utilisées pour insister sur une idée pour donner de la valeur à son travail. Une citation est une copie mot pour mot d'un auteur telle qu'on peut le trouver dans son livre. Il existe deux façons de présenter une citation ; nous pouvons la présenter tout simplement en écrivant les dires de l'auteur sous une police inférieure à celui du travail et en respectant un alignement réduit par rapport au texte en début et en fin de ligne comme le montre l'exemple ci-dessous.

Nous pouvons aussi la présenter en ouvrant tout simplement les guillemets, en copiant le texte exactement comme on le lit en le mettant entre guillemets, et à la fin des guillemets, on met entre parenthèse le nom de l'auteur, l'année de publication de ce document et en fin la page où se trouve la citation et tout ceci séparé par des virgules comme nous pouvons le constater dans l'exemple suivant : « The level of development of any given country greatly depends on its working culture » (Samah, 2010, p.7). Cette méthode est généralement utilisée par les américains.

Des citations présentées en exemple, nous pouvons faire plusieurs remarques. La première citation n'a pas de guillemets parce qu'elle a plus de deux lignes. Nous pouvons aussi constater qu'elle est en retrait par rapport au texte. Pourtant la deuxième citation se trouve dans le texte et est différenciée par les guillemets.

Il faut tout de même savoir que la façon de présenter les citations diffère d'une institution à une autre. Vous devez donc savoir la manière requise par votre institution.

ii) notes de bas de page et notes de fin de document

Ce sont des références bibliographiques que l'on trouve respectivement à la fin d'une page et à la fin du chapitre. On les utilise pour montrer son honnêteté scientifique et montrer que vous vous êtes inspiré de certains auteurs. Elles mettent l'auteur à l'abri du plagiat qui est le fait d'utiliser les idées d'une personne comme si ce sont les votres.

Les informations que l'on retrouve dans les notes de bas de pages sont : les idées critiquées, les éléments ayant trait au thème central du travail, toutes informations tangibles, les citations et toutes idées paraphrasées. Mais dans cette rubrique, nous ne pouvons pas inclure les informations connues de tous comme la deuxième guerre mondiale qui s'est achevée en 1945. Même les informations provenant de la bible ou des conventions internationales ne doivent pas y figurer.

Les notes de bas de pages son souvent numérotées suivant les chiffres romains commençant par 1, 2, 3, 4, etc. dans certains travaux au début de chaque chapitre, on recommence la numérotation des notes de bas de page, pourtant dans d'autres, cette numérotation continue jusqu'à la fin du travail.

Les notes de bas de page et de fin de documents ne sont pas présentées de la même façon pour les livres, les articles et les sources non publiées comme les mémoires et les thèses.

1) livres : pour les livres, on écrit tout le nom de l'auteur, le titre du livre, l'édition, le numéro de série, de volume (s'il y en a), la ville et la date de publication, et le nombre de page.

2) Pour les articles, nous avons le nom de l'auteur, le titre de l'article, la périodique dans laquelle l'article a été publié, le volume de la périodique, la date de publication et le numéro de page dans laquelle on retrouve l'article.

3) Pour ce qui n'est pas publié, nous avons le nom de l'auteur (s'il y en a), le titre(s'il y en a), le type de travail (mémoire, thèse etc.) (s'il y en a) le lieu où on trouve le document la date et le nombre de page.

iii) bibliographie ou références bibliographique.

Elle consiste à reconnaître toutes les sources d'informations de votre travail. Généralement, dans la recherche, on ne crée rien on interprète seulement ce qui existe déjà. Les sources d'informations sont le plus souvent catégorisées. L'ordre le plus courant est : livres, les articles de journaux et magazines, les journaux, les documents du gouvernement, les mémoires et enfin les sources non publiées. Ces références doivent être écrites exactement comme on les trouve dans les notes de bas de page. Parfois on inclut même les travaux qui n'ont pas été cités dans le travail.

2) saisie et corrections finales
Avant d'envoyer le travail à la saisie, le chercheur doit toujours bien vérifier son travail plusieurs fois. Une fois qu'il est sûr que le travail est ce qu'il voudrait que ce soit, il peut donc le soumettre à la saisie. L'auteur ou le chercheur est responsable de tout ce que l'on retrouve dans le travail que ce soit sur le fond ou la forme.

3) Présentation finale du document
Toute recherche scientifique est divisée en trois parties qui sont : les préliminaires, le corps du travail et les suppléments.

A) les préliminaires : parmi les préliminaires, nous avons : la couverture, la page de garde, la page du titre, message d'autorisation, table des matières, la liste des tableaux, images et schémas, la préface (pour les livres), remerciements, le synopsis ou le résumé.

La couverture : c'est la partie qui protège votre document. La couverture doit porter le nom de l'institution, le titre du travail, le nom de l'auteur et celui du superviseur. (Voir des exemples en appendice)
La ou les pages de garde : dans plusieurs institutions, elle n'est constituée que d'une feuille blanche. Elle se trouve juste après la couverture. C'est le lieu où le lecteur peut mettre son commentaire. Dans d'autres institutions, les étudiants sont obligés de placer une autre page à la fin du travail.
La page du titre : elle porte les mêmes informations que celle de la couverture.
Le message d'autorisation : on les retrouve plus dans les rapports professionnels. C'est la certification que la recherche à été autorisée. La plupart de temps, ce papier ne se trouve pas dans le travail c'est le papier que le chercheur présente sur le terrain avant de collecter les données.
La table de matière : elle présente le travail en entier. On y retrouve la préface, les remerciements, la liste des tableaux, images et schémas le résumé, les différentes parties, chapitres, les grands titres et les sous titres du travail, la conclusion, les appendices et la bibliographie. (Voir exemple en appendice)
 La liste des tableaux, images et schémas : elle présente les différentes pages où on peut trouver les supports visuels du travail tels que les tableaux, les photos, les schémas, les cartes etc.
La préface : cette partie est facultative. Elle consiste à préparer le lecteur à ce qu'il va trouver dans le document et son intérêt à lire le document.
Les remerciements : c'est le lieu où l'on mentionne tous ceux qui sur tous les plans ont contribué à la réalisation du travail. La contribution peut être morale, financière, etc. lorsqu'il s'agit d'un exercice académique, nous ne devons jamais oublier de commencer par notre ou nos encadreurs, juste après le Dieu tout puissant.
Le résumé : c'est un condensé du but de la recherche, des résultats et de la méthodologie employée et il doit être bref. A partir du résumé, le lecteur peut décider s'il doit lire ou ne pas lire le travail.

B) le corps du travail.
Le corps du travail comprend : l'introduction, le développement et la conclusion (et des recommandations)
L'introduction : dans les thèses de doctorat, les mémoires de Masters, elle fait l'objet d'un chapitre tout entier. Mais dans les rapports courts, il ne tient que sur un paragraphe. L'introduction situe le sujet dans un contexte particulier, mettant en exergue le problème, le but et la délimitation du sujet de la recherche, la méthodologie et la revue de la littérature.

Dans les rapports de fin de stage, les candidats doivent faire un résumé de la société dans laquelle ils ont effectué leur stage tout en insistant sur le département dans lequel ils ont travaillé. Ils doivent aussi mentionner les activités qu'ils ont menées pendant le stage.

Le développement : il est très souvent appelé corps du travail. C'est la plus grande partie du travail car, on y trouve les résultats de la recherche, la synthèse, l'antithèse et l'interprétation. Cette partie de la rédaction est divisée en grand et en sous titre, en parties et en chapitres etc. dans le cas où les activités menées pendant le stage n'ont pas été dites en introduction, on doit les retrouver à ce niveau.

La conclusion : c'est un résumé de tout le travail. Elle résume aussi les résultats de la recherche. Dans certaines conclusions, on doit faire des recommandations lorsqu'elles ont été demandées. Mais si les recommandations sont importantes pour notre travail, on doit les faire. En Histoire, à la place des recommandations, on fait plutôt des projections futures.

Ces projections permettent à l'audience ou aux acteurs de faire des ajustements. La conclusion doit aussi ouvrir une porte pour les recherches futures sur le même sujet car, quelque soit le sujet, on ne peut prétendre à l'exhaustivité.

C) les suppléments : par supplément, nous entendons les informations qui montrent l'origine des informations vitales que l'on trouve dans le travail. Ces suppléments sont les suivants :

La bibliographie ou les sources consultées : ici, on retrouve la liste des sources publiées comme des livres et les articles et des sources non publiées comme les thèses, les mémoires les entretiens et les interviews (sources orales).

Appendice : ici on retrouve la preuve de certaines informations du texte. L'appendice peut être rangé en A, B, C ou en 1, 2, 3 etc.

L'index : on l'utilise plus pour les sources publiées. Il ressemble un peu à la table des matières à la seule différence que la table des matières porte sur les titres, les parties et les pages.

La plupart de temps, dans un projet de recherche, l'étudiant doit présenter la liste des livres et articles qu'il a utilisés. Voir appendice.

LES QUALITES D'UN BON TRAVAIL DE RECHERCHE.

1) le titre doit être intéressant, attrayant et instructif.
2) L'introduction doit être attrayante, facile à lire et doit emmener le lecteur du connu vers l'inconnu.
3) Vous devez utiliser des mots simples et éviter le langage familier dans le travail.
4) Les règles de grammaire doivent être scrupuleusement respectées de même que l'utilisation des temps verbaux, la ponctuation, l'orthographe, et les parenthèses.
5) La structure du travail doit être en accord avec le sujet.
6) Le document doit être original et consistant ; le contenu doit être riche et avoir quelque chose de neuf.
7) Le ou les hypothèses doivent être liées au problème.
8) Un travail de recherche doit traiter d'un problème pertinent.
9) Le travail doit aussi avoir des preuves que ses résultats peuvent être utiles tant aux individus qu'aux communautés.
10) Il doit avoir une bonne bibliographie et bien rédigé.
11) Le chercheur doit utiliser les théories existantes dans le cadre théorique et dans l'analyse des données.
12) Le travail doit être interdisciplinaire. Donc en quelque sorte lié à d'autres domaines
13) Il doit y avoir une relation entre les hypothèses, le problème et les résultats.
14) Le travail ne doit pas seulement être centré sur les faits, mais aussi sur les principes et aussi donner des leçons.
15) On doit y retrouver des recommandations ou des projections.
16) On doit retrouver dans la conclusion les résultats des analyses.
17) Le travail doit respecter tous les canons de l'institution du candidat lors de la rédaction des différentes parties.

Appendice 1
Echantillon de questionnaire avec des questions fermées.
Questionnaire sur le viol au Cameroun.
Date…………………ville de résidence……………………..quartier
Province (de résidence)   ( ) Nord Ouest ( )   Sud Ouest

Religion ( ) 1 Catholique   ( ) 2 protestant
            ( ) 3 musulman   ( ) 4 pentecôtiste
            ( ) 5 témoin de Jéhovah   ( )   6 autre, spécifier …………………………….

Niveau d'étude   ( ) 1aucun   2 ( ) secondaire   3 ( ) primaire
universitaire
4( ) École coranique   5( ) autre

Occupation ( ) 1 femme de ménage   ( ) 2 sans emploi
            ( ) 3 Commerçant   ( ) 4élève   ( ) 5couturier ( )6 coiffeuse ( )7
étudiant   ( ) 8 paysan ( ) 9 fonctionnaire
1) avez-vous déjà été violée ? ( ) oui   ( ) non
2) quel âge aviez-vous au moment du viol ?..
3) combien de fois avez-vous déjà été violée ?...
4) avez-vous déjà été témoin d'une tentative de viol ?......................................
5) si oui, combien de fois jusqu'à maintenant ?…………………………………..
6) avez-vous subie des examens médicaux après ?   ( ) oui   ( ) non   ( ) je ne sais pas
7) ont-ils fait un certificat médical ? ( ) oui   ( ) non   ( ) je ne sais pas
8) le violeur a-t-il été découvert ? ( ) oui   ( ) non   ( ) je ne sais pas
9) si oui, le violeur a-t- il été puni par la loi ? ( ) oui   ( ) non   ( ) je ne sais pas
10) si oui connaissez- vous la peine que cour un violeur ? ( ) oui   ( ) non   ( ) je ne sais pas
11) quel âge avait le violeur ? Moins de 20ans ( )   20-29 ans ( ) 30-39( )   40-49 ( )
plus de 50 ans
12) connaissiez-vous son métier ? ( ) 1 militaire   ( ) 2 sans emploi
            ( ) 3 Commerçant   ( ) 4élève   ( ) 5enseignat ( ) 6 cordonnier
( ) 7 autre, spécifier ……………
13) était il marié ? ( ) célibataire   ( ) marié   ( ) divorcé   ( ) veuf ( ) je ne sais pas
14) le violeur était-il un membre de la famille ? ( ) oui   ( ) non ( ) autre, spécifier
……………
15) qui était-il donc ? ( ) un voisin ( ) un camarade de classe ( ) un ami de le famille ( )un
bandit   autre, spécifier ………
16) avez-vous été atteinte d'une maladie sexuellement transmissible ? ( ) oui   ( ) non   ( ) je
ne sais pas
17) avez-vous contacté une grossesse ? ( ) oui   ( ) non   ( ) je ne sais pas
18) si oui, avez-vous avorté ? ( ) oui   ( ) non
19) avez-vous parlé de ce viol avec quelqu'un ? ( ) oui   ( ) non
20) si oui avec qui ? ( )un membre de la famille ( ) un camarade de classe ( ) votre petit ami
( ) un témoignage public (radio, télévision etc.)
21) avez-vous fait un test de VIH après le viol ? ( ) oui   ( ) non
22) avez-vous déjà été victime d'un viol collectif ? ( ) oui   ( ) non
23) avez-vous déjà entendu qu'une autre fille de votre famille a été violée ? ( ) oui   ( ) non
24) comment est le viol dans votre ville ? ( ) très fréquent ( ) peu fréquent ( )rare ( )n'existe
pas ( ) je ne sais pas.

Appendis 2
Echantillon de questionnaire à questions ouvertes
Guide de recherche pour une thèse de Ph D en Histoire pour les pasteurs pentecôtistes.

1) quel est le nom de votre église ?
2) quand et par qui fut –elle créee ?
3) comment est elle arrivée au Cameroun ?
4) qu'est ce qui a poussé le fondateur à créer cette église ?
5) quels sont les objectifs de votre église ?
6) quelle est l'ampleur de votre église au Cameroun ?
7) qu'est ce qui a provoqué la création de plusieurs églises pentecôtistes dans les villes du Cameroun dans les années 1990.
8) Quel est votre réaction face à cela ?
9) Quelles sont les difficultés rencontrées dans le processus d'établissement de cet église ?
10) Quelles étaient vos relations avec les autorités lors de l'établissement de votre église ?
11) Quelles étaient vos relations avec le gouvernement lors de l'établissement de votre église ?
12) Quelles méthodes avez-vous utilisés pour obtenir des fidèles ?
13) Quelles étaient vos relations avec d'autres églises non-pentecôtistes dans votre ville ?
14) Comment est ce que les lois et libertés de 1990 ont été **favorables a l'établissement** de votre église ?
15) En quoi la crise économique a t-elle affectée les activités de votre église ?
16) Combien d'églises locales avez-vous dans votre ville ?
17) Comment est ce que vos activités ont aidé vos membres ?
18) En quoi est ce que vos activités affectent les membres des autres églises ?

BIBLIOGRAPHIE

LIVRES
Alain Beitone, Christine Dollo, Jacques Gervasoni, Emanuel Le Masson et Chrisophe Rodriguez, sciences sociales, paris, édition Dolloz, 2000.

Amaazee, Bong Victor, Historiography and Historical Methods, Bamenda, patron publishing house, 2002
Brian Tracy, Maximum Achievement: Skills and Strategies to Unlock your Hidden Potentials.

Consultative Scientific Commission, Norms of presentation of dissertation and evaluation of dissertation and theses, Yaoundeé, L'imprimerie; les grandes editions, 2008.

Covey Stephen, Seven Habits Of Highly Effective People, Benin City, 1993.

Morris Philip Wolf and Robert R. Aurmer, Effective Communication in Business, Birthon, south westernpublishing Co., 1974.

Raymon Quivy et Luck Van Campendhoudt, Manuel de recherché en sciences socials, Paris Dunod, 1995.

Russell Bernard, Handbook of Methods in Cultural Anthropology, Altimira Press, 1998.

Russell Bernard, Handbook of Methods in Cultural Anthropology, New Delhi, Sage publications, 4 printing 1990.

Thomas N. Headland, Kenneth L. Pike et Marvin Harris, Emics and Etics: the insider/outsider debate, New Delhi, vol. 7, Sage publications, première publication

ARTICLES
Nina ELIASOPH et Paul LICHTERMAN " we begin with our favourite theory…: reconstructing our favourite theory".[4] In JSTOR vol. 17 N° 2 juillet 1999, pp228-234.

Robin Alexander, "participant observation, Ethnography and their use in Educational Evaluation: their use of Selected Works". In JSTOR vol. 24 N° 1 1982, pp63-69

http://www. (Dalhousie University, guidelines for writing an internship rapport)

NON PUBLIE
Walter Samah, tool kits for job seekers and research students.

LA QUETE ULTIME : MOTS PERSONNELS

Chaque individu, peu importe le sexe et le statut a été consciemment créé avec des dons, talents, potentiels et savoir-faire spécifiques pour une raison spécifique connu du créateur.

Ces potentiels et buts ont été consciemment et inconsciemment mal compris, mal utilisés, déformés et appliqués sur de mauvaises idées, philosophies et décisions émanant de la corruption du cœur humain. Ceci est la cause de la peur, de l'échec, d'une faible estime de soi, l'absence d'espérance, qui dans la plupart des cas se manifestent dans les actes tels que les meurtriers, la jalousie, l'amertume, l'ivrognerie, la fornication, l'adultère, conflits, le vol, les génocides et le terrorisme.

En chaque personne se trouve ce désir profond de liberté, de bonheur, du succès, de la grandeur et de contribution. Consciemment ou inconsciemment, cette quête a été souvent menée dans les domaines ou dans les choses qui piègent et emprisonnent l'âme humaine et le prive de ces grandes aspirations.

Lors même que les dons et les talents ont été découverts, ils ont été très souvent utilisés pour les buts personnels et égocentriques sans tenir compte du donneur de ces dons ou des plans pour lesquels ces dons, talents et aptitudes ont été rendu disponibles. Parfois la grandeur est atteinte de la mauvaise façon ce qui justifie le vide intérieur qui vient avec certaines réalisations et succès.

Au plus profond du cœur de Dieu se trouve le désir de voir l'humanité totalement affranchie. C'est Son souhait de voir Ses créatures vivre dans une liberté, joie et épanouissement total. C'est Sa préoccupation de voir Ses créatures libérer le meilleur d'eux-mêmes dans le contexte des desseins et des projets pour lesquels elles ont été créés. C'est Sa préoccupation de voir Ses créatures approfondir leur connaissance de Lui pour une réconciliation et une relation nouvelle et vivante.

L'image de Dieu en chaque être humain est un tremplin et une magnétite par laquelle l'humanité peut se reconnecter à son créateur. Sa parole devient ainsi disponible pour fertiliser tout rêve, talent, aptitude et potentiel qui ont été enterrés par la peur, le racisme, l'ethnocentrisme, la médiocrité, la banalité, les mauvaises décisions et la haine. Cette nouvelle relation peut amener les individus dans une nouvelle dimension de foi, de possibilités, d'espérance, de paix, de justice, d'intégrité, de joie et d'épanouissement tandis qu'ils accomplissent leur rêve et s'attendent au paradis. Ce n'est que de cette façon que l'on peut parler de véritable succès.

À PROPOS DE L'AUTEUR

Albert Samah est le Fondateur du Centre Stratégique pour la Paix et le Leadership et a servi au Centre régional du Service du PNUD pour l'Afrique. Avant de travailler au PNUD, Albert Samah a travaillé à en Afrique pendant près de huit ans. Il a été consultant pour l'Union Africaine, le Centre international de formation Kofi Annan pour le Maintien de la Paix, l'Ecole internationale pour les Forces de Sécurité et plusieurs autres organisations internationales de formation en Afrique. Il est titulaire d'un Master en Droit et Sciences Politiques, d'un Master en Relations internationales, d'un Master en Gestion de la Paix et de la Sécurité en Afrique, d'un Master de philosophie en Relations Internationales et d'un PhD en Relation International. Il est également l'auteur de *A la quête du succès*.

www.ingramcontent.com/pod-product-compliance
Lightning Source LLC
Chambersburg PA
CBHW051857250726
48659CB00006B/2261